Welcome Home, My Little One

Bienvenido A Casa, Mi Chiquito

Written by/Escrito por
Victoria Calderón Nunes

Illustrated by/Ilustrado por
Laura Hilbert

Welcome home, my little one / Bienvenido a casa, mi chiquito
Todos los Derechos de Edición Reservados
©2014, Victoria Calderón Nunes
Ilustraciones: Laura Hilbert ©2014
Pukiyari Editores

ISBN-10:1630650250
ISBN-13:978-1-63065-025-4

Pukiyari Editores
www.pukiyari.com

Welcome home, my little one / Bienvenido a casa, mi chiquito
All Rights Reserved
Copyright © 2014, Victoria Calderón Nunes
Illustrations: Laura Hilbert ©2014
Pukiyari Publishers

ISBN-10:1630650250
ISBN-13:978-1-63065-025-4

Pukiyari Publishers
www.pukiyari.com

Dedication / Dedicatoria

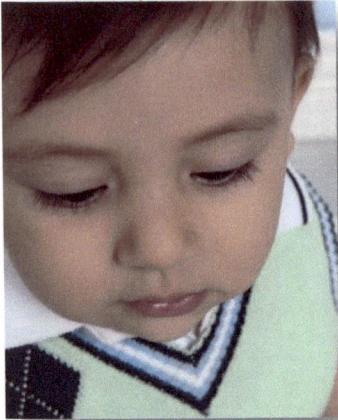

This book is dedicated to my firstborn son, Daniel Andres for bringing joy, love and newfound meaning to my life. Mama loves you more than you'll ever know. I will be forever grateful for the honor to be called your mom. I would like to thank my supportive husband, Pedro, for his steadfast love and support as I achieve my life's ambitions by his side in this journey called life. I'd also like to thank God for opening the doors to making this all possible and of course my mom for believing in me and our wonderful family. Last, but certainly not least I'd like to thank my amazing sister, best friend and illustrator, Laura Hilbert without whom this book would not have been possible.

Victoria Calderón Nunes – Writer

Este libro está dedicado a mi primer hijo, Daniel Andrés, por traer alegría, amor y un nuevo significado a mi vida. Tu mamá te ama más de lo que nunca sabrás. Me sentiré siempre bendecida por tener el honor de que me llames "mamá". También quiero agradecer a mi increíble esposo, Pedro, por su amor inquebrantable y su apoyo en este momento en que empiezo a alcanzar mis metas, a su lado, en esta aventura que llamamos vida. También quiero agradecer a Dios por abrir las puertas para que todo esto sea posible y a mi mamá y nuestra fabulosa familia por creer en mí. Finalmente, también quiero agradecer a mi maravillosa hermana, y mejor amiga, la fabulosa ilustradora Laura Hilbert, sin quien este libro no sería posible.

Victoria Calderón Nunes – Escritora

Dedication / Dedicatoria

To my inspiration, Mireya: courageous Mother of three girls and Nonna to two boys. Also to my sweet Anthony— Momma loves you, honey bee! To my sisters, Virginia and Victoria for always believing in me! And to my husband Greg, thank you for your love, support and the new paint sets!

Laura Hilbert - Illustrator

A mi inspiración: Mireya, valiente madre de tres niñas; y mi madre, la Nonna de dos niños. También a mi dulce Anthony, ¡mami te adora, amorcito! A mis hermanas, Virginia y Victoria, ¡porque siempre creyeron en mí! Y a mi esposo, Greg, ¡gracias por el amor, el apoyo y mi nuevo juego de pinturas!

Laura Hilbert - Ilustradora

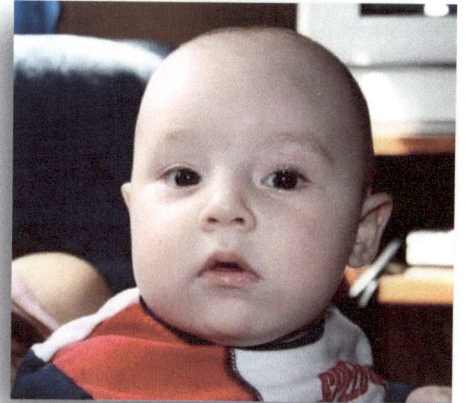

In the wee hours of the night, full of wonder and delight... a baby is born in a hospital ward.

Una madrugada, llena de anticipación y alegría nace un bebé en el ala de maternidad de un hospital.

Mama and baby skin-to-skin is the preferred way to bond, "kangaroo care".

Mamá y bebé piel-con-piel es la manera preferida de conectar, "la pose del canguro".

Mama's touch, papa's embrace... loveable, kissable baby face.

La caricia de mamá, el abrazo de papá...
una carita para amar y besar.

A breastfed baby, a happy baby always smiling and cooing with delight.

*Un bebé que amamanta sonríe
y hace sonidos de felicidad.*

Family members visiting, washing hands and holding baby, swaddled tight.

La familia viene a visitar, se lavan las manos
y sostienen al bebé
que está envuelto en su manta.

Swaddling Technique

Técnica para envolver

1 2 3

4 5 6

Sleepy baby... warm pajamas... ready to sleep in his crib for the very first time. No pillows, no blankets just baby on his back.

El bebé tiene sueño,
con sus pijamas está listo
para dormir en su cuna
por primera vez.
Sin cobijas o almohadas
solo el bebé,
acostado de espalda.

A hug, mama's touch, a pacifier to soothe.
Baby drifts off to sleep nice and smooth.

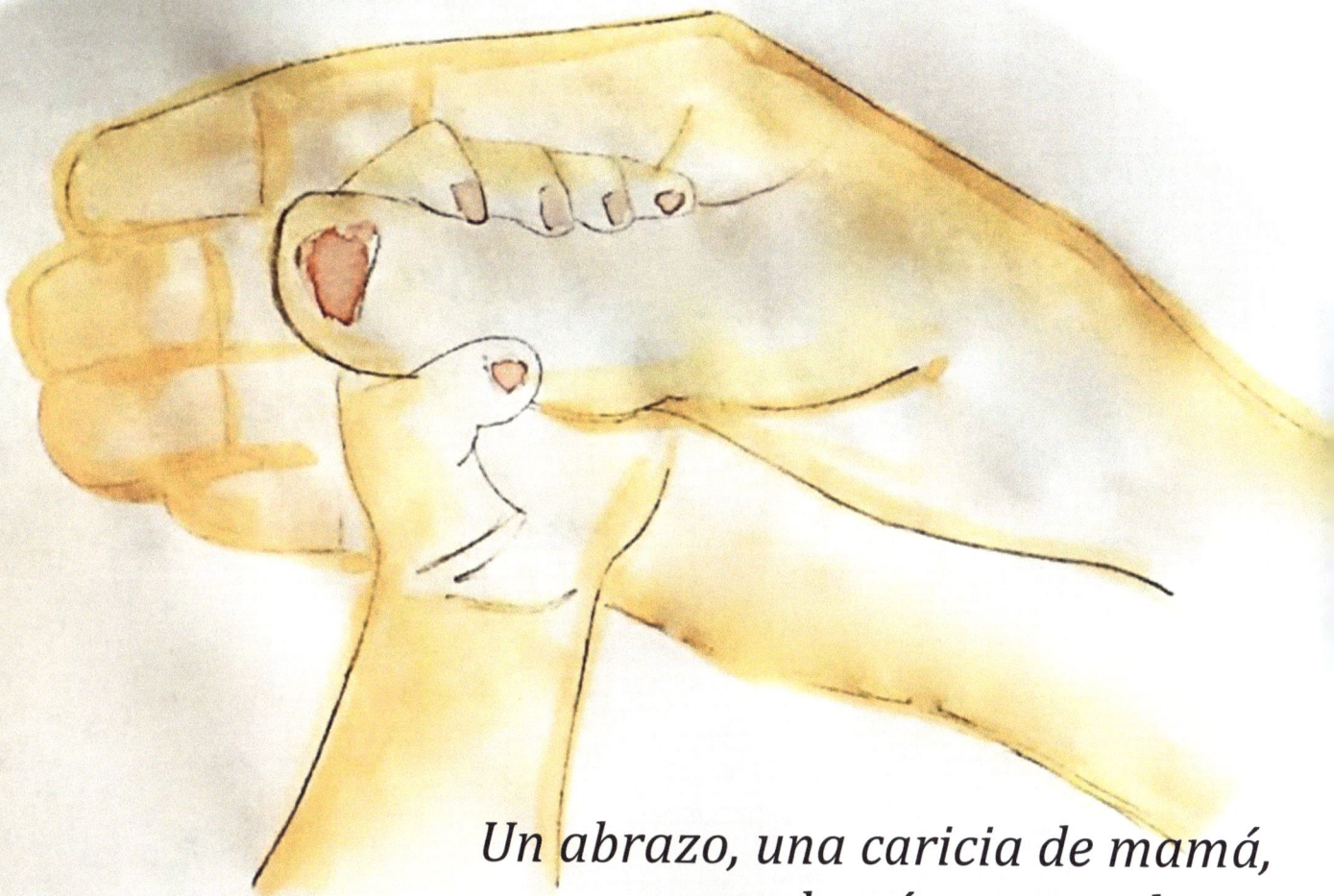

Un abrazo, una caricia de mamá,
chupón para calmar.
El bebé se queda dormido sin protestar.

The sun is up; a brand new day is making way, time to go home today!

El sol ha salido,
es un nuevo día,
¡es hora de ir a casa!

First car ride home, bumpy but safe, car seat secured and seat belts in place.

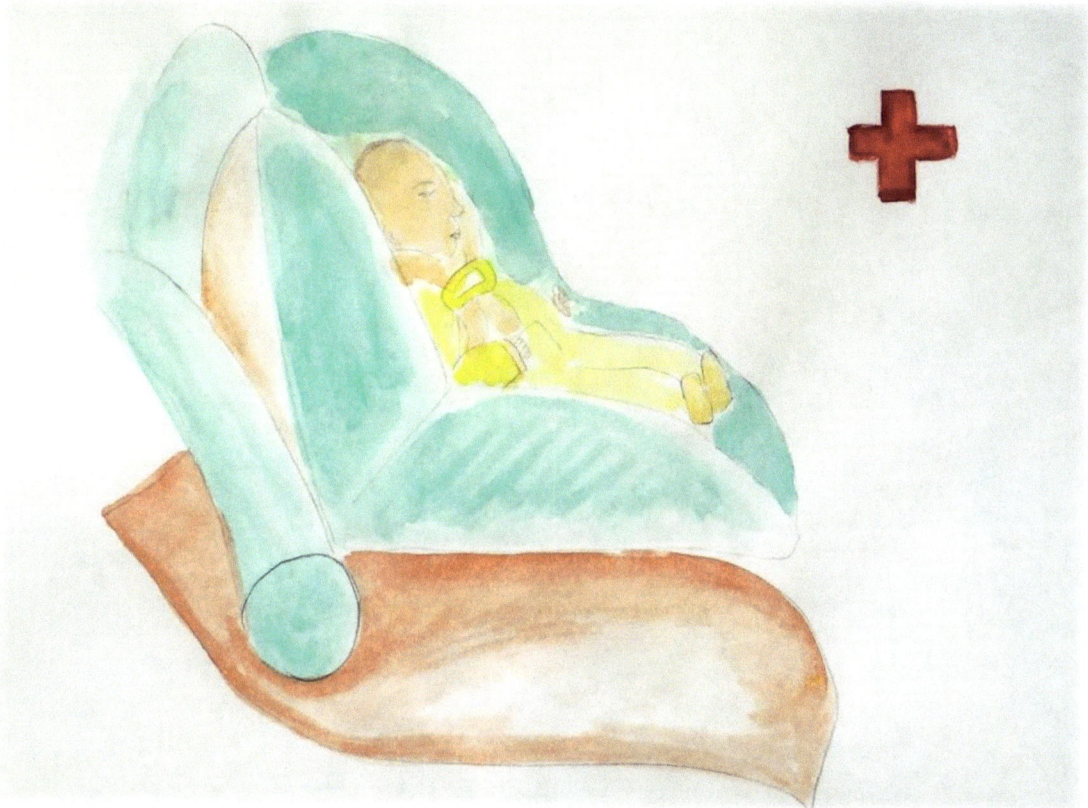

Primer viaje en coche a casa, con mucho movimiento pero seguro, y el bebé con su cinturón de seguridad bien puesto en su lugar.

Home sweet home, now we are three: mama, papa and baby! Welcome home little one, welcome to the world little baby!

Hogar dulce hogar, ahora somos tres: ¡mamá, papá y bebé! ¡Bienvenido a casa chiquito, bienvenido al mundo pequeño bebé!

About My Little One / Acerca De Mi Chiquito

Baby's name / Nombre del bebé:

Birthweight / Peso del bebé:

Length / Medida:

Date of birth / Fecha de nacimiento:

Time of birth / Hora de nacimiento:

My notes / Mis notas:

About Victoria Calderón Nunes

Victoria Calderón Nunes is a seasoned marketing professional by trade, a gifted writer by calling and a proud new mom by grace. She's originally from Mérida, Venezuela, but was raised on the East coast of the United States. She moved to the Midwest to pursue higher education and met her Dominican husband, Pedro, in Columbus, Ohio.

She speaks Spanish, Portuguese and English proficiently. Her community involvement includes contributions to United Way, YWCA, League of United Latin American Citizens, and National Society of Hispanic MBAs. She created and developed the Latina Mentoring Academy professional development program through the Hispanic Chamber of Columbus, Ohio, in 2010.

Past recognition includes:
1995: At age 12, her poem, *The Stranger*, was included in the book *Windows of the Soul* published by the National Library of Poetry.
2009: Named "Corporate Advocate of the Year" by the Ohio Hispanic Chambers of Commerce and "Distinguished Hispanic Ohioan" by the Ohio Latino Affairs Commission.
2010: *Business First's* Forty under Forty.
2010-2014: Who's Who in Latino Columbus features.
2012: Front Cover of *Columbus CEO* September issue.
2013: *Women's Book* Columbus Area Edition feature.

However, what she's most proud of is giving birth to her baby boy, Daniel Andrés, in 2014. He's her main source of inspiration for launching her writing career in bilingual children's books alongside her sister/illustrator, Laura Hilbert. Victoria is humbled and thankful to God for the opportunity to pursue her purpose in life. Victoria currently lives in St. Louis, Missouri, with her husband, Pedro Calderón, who is studying to become a cardiologist.

Acerca de Victoria Calderón Nunes

Victoria Calderón Nunes es una experimentada profesional del mercadeo, una escritora de vocación, y una orgullosa nueva madre por gracia del destino. Ella es originaria de Mérida, Venezuela, pero fue criada en la costa este de los Estados Unidos. Ella se trasladó a la región central del país para cursar estudios superiores y conoció a su esposo dominicano, Pedro, en Columbus, Ohio.

Su pasión radica en las relaciones públicas, en la creación de alianzas estratégicas y el fortalecimiento de las comunidades multiculturales a través de la educación. Ella habla español, portugués e inglés con soltura. Su participación en la comunidad incluye contribuciones a United Way, YWCA, la Liga de Ciudadanos Latinoamericanos Unidos, y la Sociedad Hispana de MBAs. Creo e implementó el programa de "Desarrollo y Guía Profesional para Mujeres Latinas" (LMA) a través de la Cámara de Comercio Hispana de Columbus, Ohio, en el 2010.

Sus reconocimientos incluyen:
1995: A los doce años, su poema, The Stranger, se incluyó en el libro *Windows of the Soul* publicado por la National Library of Poetry.
2009: Premios "Corporate Advocate of the Year" de las Cámaras de Comercio Hispanas de Ohio y "Distinguished Hispanic Ohioan" de la Comisión de Asuntos Latinos/Hispanos de Ohio.
2010: Periódico Business First premio "Forty under Forty".
2010-2014: Seleccionada para el libro "Who's Who in Latino Columbus".
2012: Portada de la revista "Columbus CEO", ejemplar de septiembre.
2013: Seleccionada para el libro "Women's Book Columbus Area Edition".

Sin embargo, de lo que está más orgullosa es de haber dado a luz a su bebé, Daniel Andrés, en el 2014. Él es su principal fuente de inspiración para el lanzamiento de su carrera como escritora de libros infantiles bilingües, junto a su hermana e ilustradora, Laura Hilbert. Victoria se siente agradecida a Dios por la oportunidad de perseguir su propósito en la vida. En la actualidad, ella vive en St. Louis, Missouri, acompañando a su esposo, Pedro Calderón, quien estudia cardiología.

About Laura Hilbert

Laura Hilbert is a devoted mom, talented visual artist, illustrator and exemplary sister. She began her career as an artist after moving to the United States from the Canary Islands in 2010, although she has been an artist all of her life at heart.

A true "citizen of the world," she is a native of Merida, Venezuela but was raised on the East coast of the United States. Her experience living in Spain for 5 years served to further foster and nurture her love for the arts. She was afforded the opportunity to extensively travel European countries such as England, Portugal and France in her early-twenties.

Her passion lies in fashion design, visual art and illustrations. She is working alongside her sister, Victoria, to bring children books to life through her colorful renderings. Laura is a devoted mom to her 8-year-old son, Anthony Alexander, and a loving wife to Greg Hilbert.

Acerca de Laura Hilbert

Laura Hilbert es una mamá dedicada, talentosa artista visual, ilustradora y hermana ejemplar. Ella comenzó su carrera como artista después de mudarse a los Estados Unidos de las Islas Canarias en el 2010, aunque de corazón ha sido una artista toda su vida.

Una verdadera "ciudadana del mundo", nació en Mérida, Venezuela, pero fue criada en la costa este de los Estados Unidos. Su experiencia viviendo en España durante cinco años sirvió para fomentar y alimentar su amor por las artes. Ella tuvo la oportunidad de viajar a muchos países europeos, tales como Inglaterra, Portugal y Francia en sus primeros veinte años de vida.

Su pasión radica en el diseño de moda, el arte visual y las ilustraciones. Ella está trabajando junto a su hermana, Victoria, para traer a la vida libros para niños a través de sus representaciones coloridas. Laura es una madre dedicada a su hijo de ocho años, Anthony Alexander, y una amante esposa de Greg Hilbert.

www.welcomehomemylittleone.com

www.ingramcontent.com/pod-product-compliance
Lightning Source LLC
Chambersburg PA
CBHW040024050426

42452CB00002B/122

9781630650254